Das Manga-Tarot

Das Manga-Tarot

von

SELENA LIN

Karten kommentiert von
Gilly Smith

FLEURUS IDEE

Fleurus Idee is an imprint of
Fleurus Verlag GmbH

First published in Taiwan in 2004 as
Selena's Grecian Eudaemon Tarot
by Sharp Point Press

Produktion der deutschen Ausgabe: Nazire Ergün
Übersetzung aus dem Englischen: Claudia Ade

ISBN-13: 978-3-89717-421-4
ISBN-10: 3-89717-421-9

Printed in China

10 9 8 7 6 5 4 3 2 1

Inhalt

Hallo Selena!

Hallo! Ich bin Selena und ich freue mich riesig, dass dich mein Manga-Tarot interessiert. Du wirst damit viel Spaß haben. Es wird dir helfen, brennende Fragen in deinem Leben zu beantworten, ob du nun Ärger zu Hause oder in der Schule hast oder unsterblich in einen Jungen verliebt bist …

Manche Leute behaupten, Tarot sei gefährlich und gehöre zu den schwarzen Künsten. Hör nicht auf sie! Dasselbe hat man über Hexen erzählt. Heute wissen wir: Es waren weise Frauen, die mehr auf die eigene Intuition als auf das Gerede anderer hörten. Fang einfach an und du wirst bald verstehen, was ich meine. Tarotkarten sind ganz leicht zu lesen und du wirst dabei ermutigt, die Dinge aus einem anderen Blickwinkel zu betrachten.

Jetzt möchtest du bestimmt etwas über mich erfahren: Geboren bin ich in Taipeh, der Hauptstadt von Taiwan. Schon immer habe ich gern Figuren in alten Kostümen und in moderner Kleidung gezeichnet.

In einem Nachwuchswettbewerb für Cartoonisten gewann ich den zweiten Preis. Damit begann meine Karriere. Heute gelte ich als beliebteste Cartoon-Zeichnerin in Taiwan. Ich illustriere Comics für Teenies, Anleitungen zum Zeichnen von Mangas und Kalender. Ich habe auf der ganzen Welt Fans und das freut mich sehr. Und aus welchem Land kommst du?

Der Shojo-Manga-Stil, den ich gern zeichne, wurde extra für Teenies entwickelt. Ich hoffe, er gefällt dir. Ich liebe es, Kostüme und Frisuren zu zeichnen und mir die Figuren in allen möglichen abenteuerlichen Situationen vorzustellen. Versetze dich doch auch in sie hinein.

Wenn du die Karten betrachtest und dabei darüber nachdenkst, was dich bedrückt, dann werden sie zu dir sprechen. In diesem Buch zeige ich dir, wie du die Karten mischst und auslegst. Die Ergebnisse sind oft verblüffend! Wenn du dich mit den Karten auskennst, kannst du sie auch für deine Freundinnen lesen.

Du wirst schon bald sehr begehrt sein.

Viel Spaß!

Selena Lin 林青慧

Was ist Tarot?

Tarot ist seit über 5000 Jahren beliebt. Viele verschiedene Kulturen, von den Brahmanen bis zu den Roma, beanspruchen für sich, Tarot als Erste gekannt zu haben. Wahrscheinlich versuchten zuerst die alten Ägypter mit Hilfe der magischen Karten, Antworten auf wichtige Fragen des Lebens zu erhalten. Doch erst die Zigeunerinnen machten das Tarot bekannt und verwenden es noch heute zum Wahrsagen.

Tarot ist nur ein Hilfsmittel, um in die Zukunft zu sehen. Als es noch kein Fernsehen gab, unterhielten sich die Menschen abends mit Musik, Gedichten oder Wahrsagerei. Es gab immer eine Tante oder eine Oma, die aus Teeblättern oder aus Karten lesen konnte. Tarot jedoch haftete stets der zweifelhafte Ruf der schwarzen Kunst an. Männer fühlten sich durch weise Frauen verunsichert, vor allem wenn sie eine starke Intuition hatten.

Wir alle besitzen intuitive Fähigkeiten und mit etwas Übung können wir sie auch einsetzen. Jeder, der sich an einen Ort der Ruhe begibt, um über eine Lebensfrage zu meditieren, ist ein nachdenklicher Mensch. Die Tarotkarten können ihm helfen. Tarot bietet eine Fülle alter Weis-

heiten für die Probleme des Alltags. Wenn du etwas Hexenmagie in dein Leben bringen möchtest, gibt es dir Gelegenheit dazu. Spiel mit deinen Tarotkarten und genieße deine Macht, aber hüte dich vor Missbrauch!

Kann man mit Tarot die Zukunft vorhersagen? Möglich wäre das, doch darum geht es gar nicht. Mit Tarot befragst du dein Inneres, um dein Leben zu entwirren und die Bedeutung deiner Probleme zu verstehen. Du schließt die Tür hinter dir, dämpfst das Licht, setzt dich mit einer Freundin oder deinen Eltern zusammen und konzentrierst dich auf deine psychischen Kräfte.

Die Karten, die du wählst, sind ein Bild deines Problems oder deiner Aufgabe und zeigen dir eine Lösung auf. Tarot ist eine Form der Meditation. Nimm dir Zeit und probiere mit deinen Karten aus, wie geschickt du darin bist, Lösungen zu finden. Wenn du dich zusammen mit einer Freundin auf eine Frage konzentrierst, dann wirst du sehen, dass du alle Antworten in dir trägst. Das Tarot wird dich lehren, dein eigenes Leben mit Weisheit zu lenken.

Vor der Befragung

Das Befragen der Tarotkarten ist eine magische Erfahrung und es ist hilfreich, es mit einem Ritual zu verbinden. Je öfter du sie verwendest, umso mehr nehmen sie deine Energie auf. Wickle sie in ein Seidentuch ein oder halte sie mit einem Band zusammen und bewahre sie an einem sicheren Ort auf.

Du kannst die Karten täglich befragen. Suche dir einen ruhigen Platz, mische die Karten und ziehe eine, die sich gut anfühlt. Der Rat, den dir deine Karte erteilt, kann sich im Umgang mit verschiedenen Dingen als nützlich erweisen.

Du kannst dich auch mit Freunden oder deiner Familie zusammensetzen. Suche dir einen Ort, an dem euch niemand stört. Bitte alle anderen im Haus, eure Privatsphäre zu respektieren. Schaffe dir die Umgebung einer weisen Frau, indem du eine Kerze oder ein Räucherstäbchen anzündest.

Wie exakt die Tarotkarten antworten, hängt von dir und deiner Einstellung ab. Es ist ein Spiel und es soll Spaß machen. Befrage die Karten dennoch immer mit Respekt. Stell dich beim Mischen gedanklich auf die Karten ein. Konzentriere dich auf deine Frage. Wenn du wissen willst, wie du das Herz eines Jungen erobern kannst, dann wird es sich bestimmt lohnen …

Wenn du die Karten für einen anderen Menschen befragst, dann solltest du sie einen Moment lang in deinen Händen halten, damit deine Energie in sie hineinfließt, bevor du sie weitergibst. Die Person, die eine Frage stellen möchte, sollte die Karten mischen.

(1) Mische den Kartenstapel und konzentriere dich auf die Frage, für die du eine Antwort suchst. Verteile die Karten mit der Bildseite nach unten auf dem Tisch. Mische sie mit beiden Händen im Uhrzeigersinn. Formuliere deine Frage klar und einfach. Wenn du das ausführlichere Keltische Kreuz legst, dann frage:

„Wie wird sich diese Situation entwickeln?“ Beim Verteilen denkst du an die Situation und daran, wie du dich fühlst, wo das Problem liegt und wie alles weitergehen soll. Höre auf dein Herz, dann gewinnst du Klarheit.

(2) Lege die Karten – immer noch mit der Bildseite nach unten – mit beiden Händen auf einen Stapel. Drücke nun mit der rechten Hand auf die Karten und drehe sie im Uhrzeigersinn, bis sie horizontal vor dir liegen.

(3–4) Hebe die Karten mit der linken Hand ab und lege sie alle senkrecht aus. Lege sie nie der Länge nach aus. Jetzt kannst du die Karten befragen.

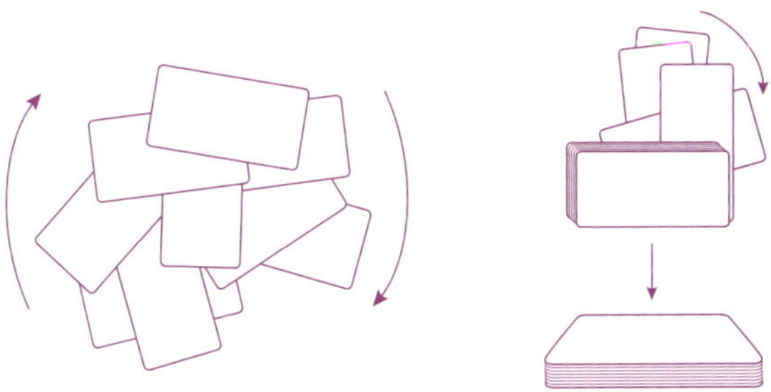

1 2

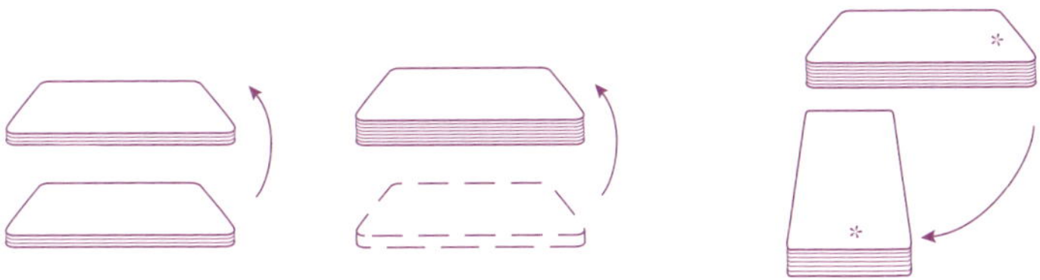

3 4

Wie wird dein Tag?

Manche Menschen verwenden nur die Großen Arkana, um Hilfe im Alltag zu erhalten. Die Bilder auf diesen Karten sind einfacher und klarer zu deuten.

Als Alternative kannst du auch das gesamte Set aus 78 Karten verwenden und dich von den Zahlen auf den Karten der Kleinen Arkana leiten lassen.

- ☆ Lege zehn Karten mit der Bildseite nach unten in einer Reihe von links nach rechts aus und in eine zweite Reihe weitere zehn Karten.
- ☆ Für Monate mit 31 Tagen lege eine dritte Reihe mit elf Karten aus. Für 30 Tage lege zehn Karten. Für den Februar acht bzw. neun.
- ☆ Rechts hinter diesen Reihen legst du drei Karten senkrecht aus.

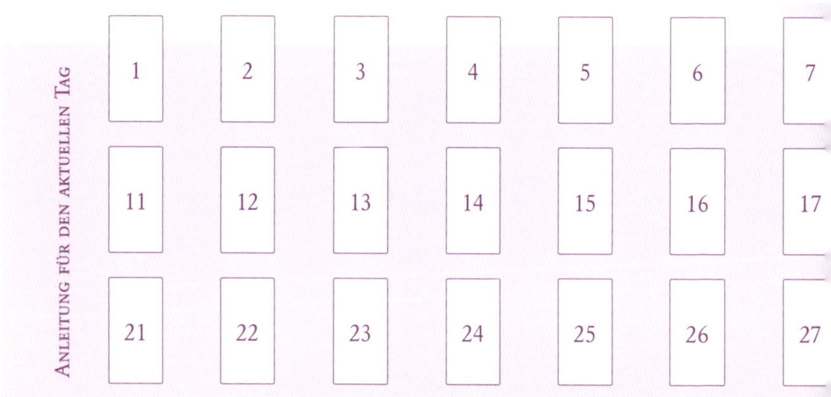

- ☆ Rechts von dieser Reihe legst du nochmals drei Karten aus, wieder von oben nach unten. Die restlichen verwahrst du in deinem Seidentuch.

Die Karten sind nun bereit, dir Ratschläge für den aktuellen Tag zu erteilen.

- ☆ Jede Karte steht für einen Tag. So drehst du z. B. am 13. März die dritte Karte in der zweiten Reihe mit der linken Hand von links nach rechts um.
- ☆ Die Karten in der ersten senkrechten Reihe stehen für Glück und Chancen in den ersten, zweiten und dritten zehn Tagen des Monats. Gleichzeitig geben sie dir Rat für den aktuellen Tag.
- ☆ Die Karten in der zweiten senkrechten Reihe stehen für große Ereignisse in den jeweiligen zehn Tagen des Monats. Alle drei Aussagen zusammen vermitteln dir, was dich in diesem Monat erwartet.

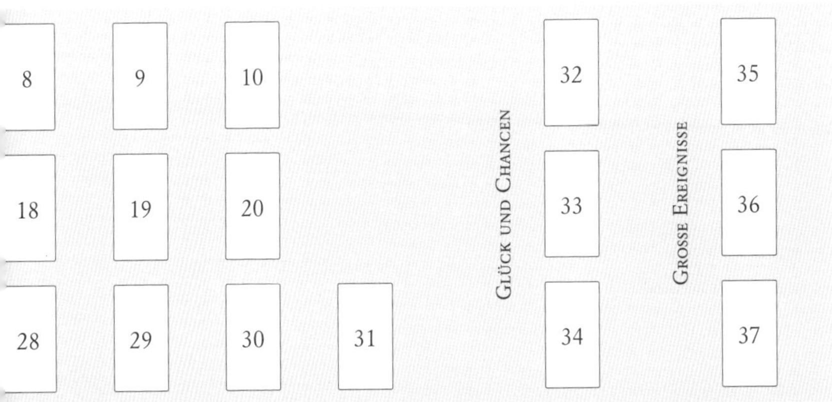

Das Kleine Kreuz

Das Kleine Kreuz ist das einfachste Legesystem mit den 22 Karten der Großen Arkana. Man verwendet es, wenn man die Antwort auf klare Fragen sucht, beispielsweise „Mag er mich?“ oder „Werde ich die Prüfung bestehen?“

Die Fragen mögen dir einfach vorkommen, doch die Antworten sind sehr komplex. Die Großen Arkana geben dir individuellen Rat: Sie werden dir sagen, wie du in der Vergangenheit mit dem von dir gewählten Thema umgegangen bist, wie du heute dazu stehst und was du in Zukunft daraus lernen kannst.

Das Legesystem

Mische nur die Karten der Großen Arkana. Hebe vom Stapel ab und verteile die Karten mit der linken Hand. Und zwar so:

- ☆ Zähle die ersten sieben Karten ab und lege die siebte auf Position 1. Die übrigen sechs Karten legst du beiseite.
- ☆ Zähle weitere sieben Karten ab und lege die siebte auf Position 2. Lege die übrigen sechs Karten auf diejenigen, die du bereits beiseite gelegt hast.
- ☆ Zähle wiederum sieben Karten ab und lege die siebte auf Position 3. Lege die übrigen sechs Karten wieder beiseite.
- ☆ Ziehe eine beliebige Karte vom Stapel und lege sie auf Position 4.
- ☆ Position 1 steht für die Vergangenheit, Position 2 für das, was momentan in deinem Leben passiert, Position 3 für die Zukunft und Position 4 für die Lösung, die dir das Tarot zu deiner Frage vorschlägt.

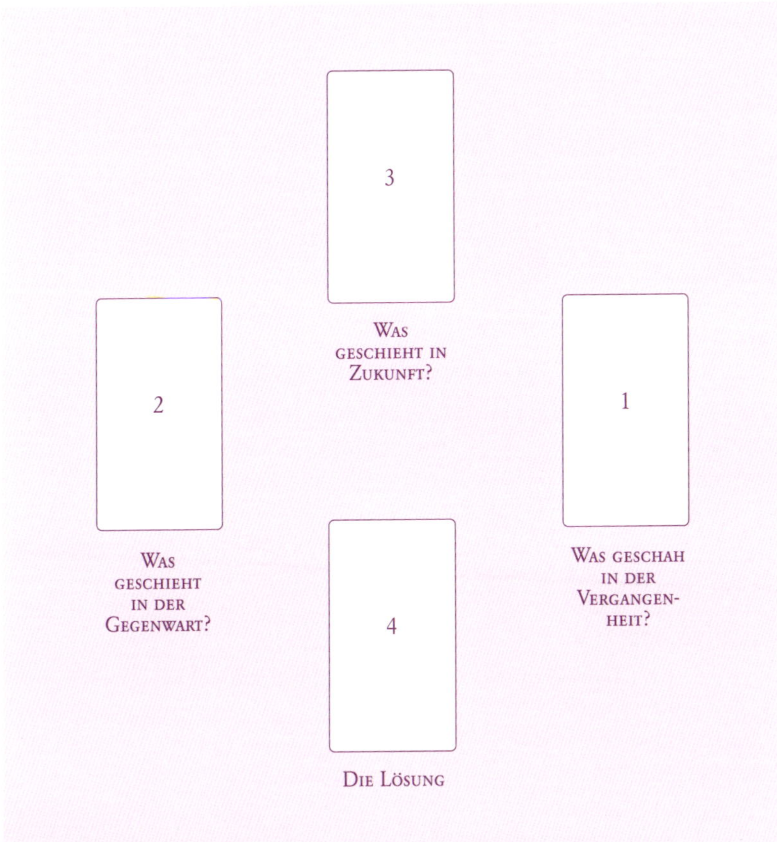
3
Was geschieht in Zukunft?
2
Was geschieht in der Gegenwart?
1
Was geschah in der Vergangenheit?
4
Die Lösung

Das Keltische Kreuz

Mit diesem Legesystem kannst du eine Frage eingehender analysieren. Die Karten stehen für die gegenwärtige Situation und deren Einflussfaktoren, für die Wünsche des Fragenden und für mögliche Richtungen, in die sich die Situation entwickeln könnte, sowie für vergangene und zukünftige Situationen.

Das Legesystem

Der Fragende mischt die Karten wie gewohnt und hält sie in der linken Hand. Es ist wichtig, dass derjenige die Karten auslegt, der die Fragen stellt, und nicht der Besitzer des Tarots.

- ☆ Zähle die Karten ab und lege die siebte auf Position 1. Die übrigen sechs legst du beiseite, sie werden nicht gebraucht. Lege die achte Karte waagerecht über die erste, sodass der obere Teil nach links zeigt. Das ist Position 2.
- ☆ Nimm die nächsten vier Karten von dem Stapel und lege sie – entsprechend der Abbildung – auf die Positionen 3, 4, 5 und 6.
- ☆ Zähle die nächsten sieben Karten des Stapels ab und lege die siebte Karte auf Position 7. Die übrigen sechs Karten legst du auf die Seite. Die restlichen drei Karten, die du noch in der Hand hältst, legst du auf die Positionen 8, 9 und 10. Du hast nun alle Karten ausgelegt.
- ☆ Bevor du die Deutungen in diesem Buch nachliest, versuche immer zuerst, die Karten selbst zu interpretieren.

POSITION 1: *gegenwärtige Situation*
POSITION 2: *Einflussfaktoren*
POSITION 3: *Wünsche des Fragenden*
POSITION 4: *mögliche Entwicklung*
POSITION 5: *Situation in der Vergangenheit*
POSITION 6: *Situation in der Zukunft*

POSITION **7:** *Situation des Fragenden*
POSITION **8:** *Einflüsse aus dem Umfeld des Fragenden auf den Ausgang der Situation*
POSITION **9:** *mögliche Lösungen des Fragestellers für Probleme, die aus der Situation entstehen*
POSITION **10:** *Lösungen*

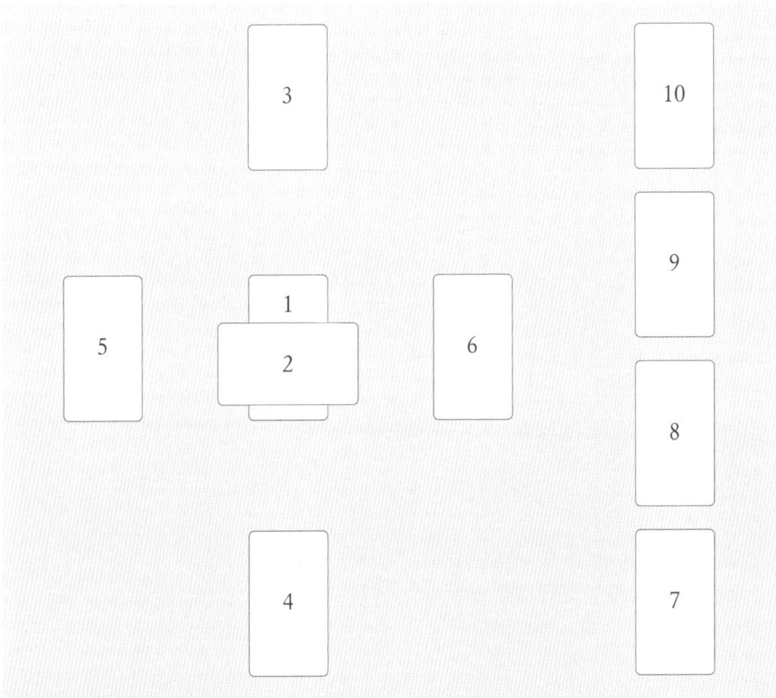

Die Parabel

Diese Methode, bei der nur die Karten der Großen Arkana verwendet werden, ist dazu da, zwei unterschiedliche Lösungen für eine Situation zu beurteilen.

Das Legesystem

Während du die Karten mischst, entscheidest du dich, welche Seite des Systems für welche Lösung stehen soll. Wenn du wissen möchtest, ob du in die Bibliothek gehen sollst oder nicht, dann sagen dir die Karten auf der linken Seite, was passiert, wenn du hingehst (Entscheidung A), und die auf der rechten Seite, was passiert, wenn du nicht hingehst (Entscheidung B).

☆ Hebe mit der linken Hand Karten vom Stapel ab. Die ersten fünf Karten legst du zur Seite, die sechste Karte auf Position 1.
☆ Die nächsten fünf Karten legst du wieder zur Seite, die sechste Karte in deiner linken Hand kommt auf Position 2.
☆ Die nächste Karte legst du auf Position 3.
☆ Zieh noch einmal fünf Karten vom Stapel in deiner linken Hand und lege die folgende Karte auf Position 4.
☆ Die nächste Karte legst du auf Position 5. Die restlichen Karten legst du mit dem Kartendeck beiseite.
☆ Position 1 zeigt, wie sich das Problem gegenwärtig darstellt, Position 2 zeigt die Situation bei einer Entscheidung A und Position 3 bei einer Entscheidung B.
☆ Position 4 zeigt den Ausgang der Situation nach Entscheidung A, während Position 5 den Ausgang nach Entscheidung B zeigt.

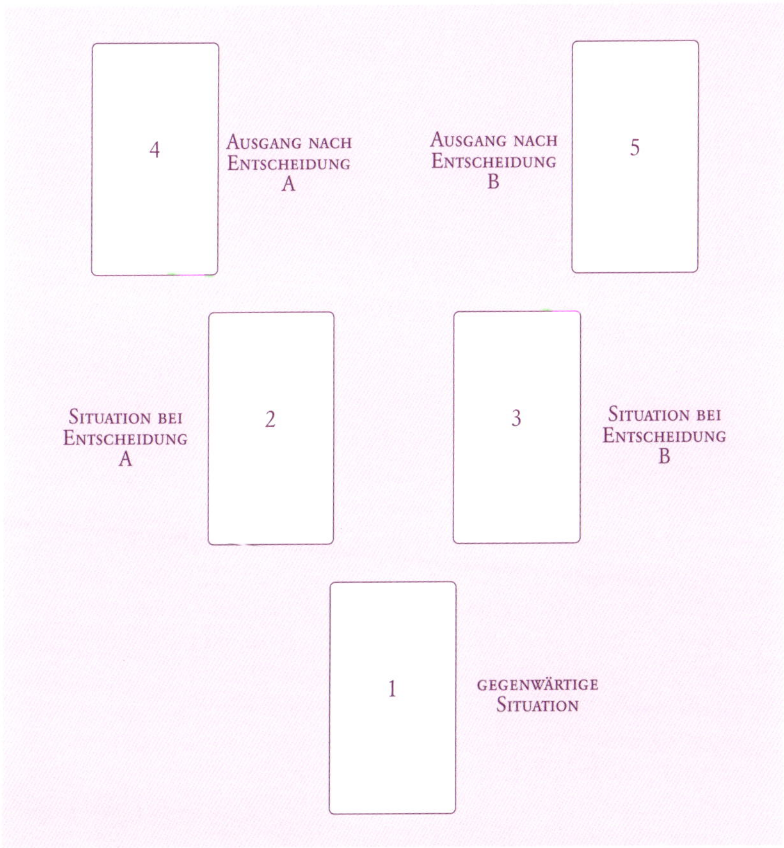
4
Ausgang nach Entscheidung A
Ausgang nach Entscheidung B
5
Situation bei Entscheidung A
2
3
Situation bei Entscheidung B
1
gegenwärtige Situation

Die Großen Arkana

Oft werden bei der Befragung des Tarots nur die 22 Karten der Großen Arkana verwendet. Wenn du eine dieser Karten ziehst, erhältst du bereits ein klares Bild davon, was du noch lernen musst. Um eine Situation besser zu verstehen, solltest du jedoch alle 78 Karten des Decks verwenden. Außerdem macht es mehr Spaß, wie z. B. beim Keltischen Kreuz, aus vielen Karten zu lesen. Du befasst dich dabei eingehender mit einer Frage.

Die Großen Arkana erzählen von Geburt, Tod und Wiedergeburt. Sie erteilen uns spirituelle Ratschläge oder warnen uns davor, Luftschlösser zu bauen. Die 22 Karten stehen für alle Lebensabschnitte: Der Narr (Karte 0) begleitet uns durch Kindheit und Jugend bis ins Erwachsenenalter, wo er auf die vier Tugenden (Gerechtigkeit, Mäßigkeit, Kraft und die Vorsicht des Eremiten) hin geprüft wird. Die Krise im mittleren Lebensabschnitt, die durch das Rad des Schicksals repräsentiert wird, bringt ihn zu den Karten der suchenden Seelen: dem Gehängten, dem Tod, dem Teufel und dem Turm.

Wenn der Narr als Weiser daraus hervorgeht, dann trifft er auf den Mond, die Sonne und den Stern, bevor er im Gericht wiedergeboren wird und die Welt ihm gehört. Die Karten basieren auf den Lehren des Buddhismus und anderen alten Weisheiten und stellen einen Zyklus dar: Auf die Welt folgt wiederum der Narr, was uns daran erinnern soll, dass alles immer weitergeht und sich mit noch größerer Kraft und Intensität wiederholt.

Probiere die verschiedenen Legesysteme aus und denke sorgfältig über deine Fragen nach. Mädchen fragen gern nach Liebes- und Freundschaftsdingen. Überlege dir aber immer genau, was du wissen möchtest. Interessiert dich, ob ein Junge mit dir ausgehen will oder was er über dich denkt? Wie er dich sieht oder wie du ihn auf dich aufmerksam machen kannst? Das Tarot funktioniert umso besser, je präziser du deine Frage stellst.

Natürlich können die Karten auch die Zukunft vorhersagen, doch meist nicht weiter als drei Monate. Du solltest die Karten nicht mehrmals zur gleichen Situation befragen. Ändern sich jedoch die Umstände, kannst du jederzeit nachfragen, wie sich das auf dich auswirkt. Das Tarot hilft dir, sofort zu erkennen, welche Situation aus deiner momentanen Lage entsteht. Ändert sich deine Lage, dann wirkt sich das auf deine Zukunft und auf die Aussagen des Tarots aus.

Wenn du an die Karten glaubst, dann glauben sie auch an dich und geben dir den Rat, den du bei deinen Freundinnen, in der Schule und in deiner Familie nicht finden kannst. Aber übertreibe es nicht! Abhängigkeit ist nie gut und überliefertes Wissen solltest du am besten mit etwas Abstand einsetzen. Bei Tarot geht es um Inspiration. Gib dir Raum und Zeit, dann kann dein magisches Leben beginnen.

0. Der Narr

Es wäre doch sicher sehr cool, sich gar nicht darum zu kümmern, was andere Menschen über einen denken? Der Narr ist so eine Person, die sich um nichts schert. Er hat in seinen vergangenen Leben schon alles gesehen und erledigt. Jetzt weiß er, dass im Grunde nichts wirklich wichtig ist. Man hält ihn für einen Dummkopf und Spaßmacher, – für jemanden, der nichts ernst nimmt. Doch seine Aufgabe ist es, den Menschen zu zeigen, dass sich die Dinge unterschiedlich betrachten lassen und sie oft weniger ernst sind als sie scheinen. Betrachte einmal den Narren in deinem Leben und was er dir zu bieten hat.

Aufrecht

Diese Karte steht für geistige Freiheit. Egal, ob es um Liebe, Abenteuer, Schule, eine Reise oder ein Projekt geht, – mach die Türen auf und lass alles geschehen. Kümmere dich nicht darum, was die Leute sagen, wenn du unkonventionell handelst. Der Erfolg deiner Liebe, deiner Arbeit oder deiner Reise hängt davon ab, wie locker du die Zügel lässt und wie viel Abenteuergeist du deinem Herzen erlaubst.

Umgekehrt

Das Problem bei zu viel Freiheit ist, dass du dir zu viel zutrauen könntest. Lass dich einfach mal fallen und warte ab, wo du landest: Das genau, tut der Narr. Wage den Sprung ins Ungewisse, aber vergiss den Fallschirm nicht! In deinen Beziehungen entdeckst du so Gefühle, die du bisher nicht kanntest. Handelst du jedoch nicht klug, kann deine Offenheit dich verletzlich machen. Träume weiter, der nächste Superstar zu werden. Aber vergiss dabei nicht, auch die großen Songs dazu zu schreiben!

1. Der Magier

Herrscher: Merkur. Der Magier gibt kreative Impulse, – den Funken, der das Feuer entfacht. Diese Karte steht für enorme Energie, doch alle nötigen Entscheidungen musst du treffen. Der Magier jongliert mit vier verschiedenen Farben und du kannst wählen: den materiellen Pfad der Münzen, den emotionalen Pfad der Kelche, den intellektuellen Pfad der Möglichkeiten, den dir die Schwerter bieten, oder den Pfad der Kreativität der Stäbe. Der Magier geleitet dich durchs Leben und inspiriert dich. Er übernimmt aber nie die Verantwortung für deine Entscheidungen!

Aufrecht

Hier treffen sich zwei Geister und entzünden den Anfang zu einem neuen Abenteuer. Es kann sich um ein Vorhaben unter Freunden oder um ein Projekt handeln, das Führungsqualitäten erfordert. Es ist deine Chance, allen zu zeigen, was in dir steckt – von der Leitung eines Projekts bis hin zum Friedensstifter unter den Beteiligten. Hier geht es um erstklassige Jobs in der Zukunft, also pass auf, was du tust. Lerne deine Lektion, dann kannst du das Gelernte später an deinem Arbeitsplatz zu Geld machen …

Umgekehrt

Alle kreativen Dinge haben ihre Schattenseite. Der umgekehrte Magier warnt dich vor einem Missbrauch deiner Führungsqualitäten: Ein Projekt könnte fehlschlagen, bevor es begonnen hat. Achte auf Details. Sei nicht zu ehrgeizig. Frage deine Freunde und nutze, was dir zur Verfügung steht, um herauszufinden, was du brauchst, bevor du dich in etwas stürzt, das dein Selbstvertrauen zerstören könnte, wenn etwas anders kommt, als du es dir wünschst.

2. Die Hohepriesterin

Herrscher: Venus. Wahrscheinlich bist du der Hohepriesterin schon begegnet und hast dich gefragt, was an ihr so Besonderes ist. Sie strahlt Weisheit und Autorität aus. Obwohl sie sich selbst nie in den Mittelpunkt spielt, zieht sie doch stets alle Aufmerksamkeit an. Sie scheint ihr Leben bereits in Dinge sortiert zu haben, die für sie wichtig und unwichtig sind. Wahrscheinlich hat sie schon mehr vergangene Leben durchlebt als wir alle zusammen und daraus gelernt. Man sollte nicht vergessen, dass niemand allein sein möchte – auch die Hohepriesterin nicht. Sie steht für Beziehungen zwischen zwei Menschen, aber auch zwischen irdischen und spirituellen Anliegen. Sie ist die weibliche Seite des Magiers und gewährt dir blitzartige Erkenntnisse über deine verborgenen Qualitäten.

Aufrecht

Es geht um eine Beziehung, aber nicht um eine irdische wie die zu einem neuen Freund. Du entdeckst etwas von der Weisheit der Hohepriesterin und kommst weiter als je zuvor. Vielleicht entwickelst du deine eigenen Seelenkräfte und wendest sie auf deine Freundinnen an, damit sich deine Beziehung zu ihnen und dir selbst vertieft. Vielleicht erforschst du auch einen Teil von dir, für den du bisher noch nicht reif warst. Tauche ins Wasser ein – es ist herrlich!

Umgekehrt

Du mäkelst zu oft an anderen herum. Die Hohepriesterin steht für Weisheit, nicht für die Beurteilung anderer. Wenn du so weitermachst, dann stehst du bald ohne Freunde da. Keiner will ständig Negatives hören. Ändere dich und sende dein Licht aus, anstatt alle vor den Kopf zu stoßen.

3. Die Herrscherin

Herrscher: Mond. Die Herrscherin ist ganz Frau. Sie symbolisiert die Geheimnisse des Weiblichen. Sie ist kreativ, sehr emotional und erstaunlich selbstlos. Doch genau wie für Schönheit und Unterstützung, steht sie auch für Emotionen wie Eifersucht und Neid. Als junge Frau wirst du sie alle erfahren: Halte die negativen jedoch unter Kontrolle, sonst kannst du deine Weiblichkeit nicht genießen. Die Zahl der Herrscherin ist die Drei.

Du kannst sie religiös als Symbol für Gottvater, Gottes Sohn und den Heiligen Geist deuten. In ihrer heidnischen Bedeutung steht sie für Sonne, Mond und Erde. Der Herrscherin geht es um Sicherheit und Zufriedenheit. Sie baut sich ihr Nest und tut, was sie tun muss.

Aufrecht

Diese Karte steht für die Verlockungen des Weiblichen. Du fühlst dich sexy, schön und stark. Du könntest die Welt regieren und die Männer liegen dir zu Füßen. Was du anfasst, gelingt dir. Werde nicht arrogant. Die Herrscherin besitzt die Eigenschaften von Mutter Erde. Sie erinnert dich daran, stets freundlich und liebevoll zu sein, um eine angenehme Atmosphäre zu schaffen.

Umgekehrt

Deine Höhenflüge aus mädchenhaften Fantasien lassen dich abheben. Hast du dich etwas zu weit aus dem Fenster gelehnt und die Menschen um dich herum für deine eigenen Interessen missbraucht? Verwendest du deinen weiblichen Charme dazu, deine Freunde auf Trab zu halten, damit sie dir jeden Wunsch von den Augen ablesen? Schönheit geht tiefer als nur bis unter die Haut und die Karte ist eine Warnung an dich, genauer in den Spiegel zu schauen.

4. Der Herrscher

Herrscher: Widder. Der Herrscher ist der Vater – der unumstrittene Kopf des Clans. Er verfügt über Weisheit, Hingabe und die intellektuellen sowie sozialen Fähigkeiten, die eine solche Aufgabe erfordert. Die Herrscherin regiert die Natur, der Herrscher den Verstand; sie brauchen sich gegenseitig für ihre Ausgeglichenheit und Harmonie. Seine Zahl ist die Vier. Er symbolisiert die vier Elemente, die das Universum regieren: Erde, Feuer, Wasser und Luft. Doch seine männliche Energie kann sich auch aggressiv äußern. Man muss sich vor ihm in Acht nehmen, denn er kann kalt, grausam und maßlos werden.

Aufrecht

In deinem Leben gibt es einen starken Mann, der einen großen Einfluss auf dich hat. Er zeigt dir den Weg und inspiriert dich, die Leiter weiter nach oben zu steigen und an dich zu glauben. Es könnte sich um deinen Vater oder einen Lehrer handeln. Es könnte auch jemand aus dem öffentlichen Leben sein, den du bewunderst. Er zeigt dir, wie du dich entwickeln kannst und wo eure Persönlichkeiten sich ähnlich sind. Seine Aufgabe besteht darin, dich anzuleiten, damit du in der Arbeitswelt bestehen und deine Ideen umsetzen kannst.

Umgekehrt

Schau dich um, wer der eitle, anmaßende, unmoralische Kerl in deinem Leben sein könnte und werde ihn los. Es könnte sich dabei aber auch um dich selbst handeln. Bist du neuerdings unzuverlässig? Hast du jemanden abblitzen lassen oder warst du respektlos gegenüber einer Autoritätsperson? Die Karte rät dir, erwachsen zu werden und das kleine verspielte Mädchen in dir zu überwinden.

5. Der Hierophant

Herrscher: Stier. Der Hierophant besitzt Weisheit und Mitgefühl. Er ist das Gegenstück zur Hohepriesterin und steht für die spirituelle Seite des Menschen. Er ist der Philosoph, der zufrieden in seinem Schaukelstuhl sitzt, aufmerksam beobachtet und seine Weisheit an andere weitergibt. Er ist jedoch nur fähig, über ein Problem zu reden: Die Lösung wird er nicht für dich finden. Seine Zahl ist die Fünf. Der fünfzackige Stern symbolisiert die höchsten Fähigkeiten. Der Hohepriester rät dir, sie für dich selbst einzusetzen.

Aufrecht

Der Hierophant in deinem Leben kann eine ältere Person sein, vielleicht ein neuer Lehrer oder jemand, der dich mit seinen Visionen inspiriert. Diese Person ist gut – moralisch, treu, freundlich und stark. Sie zeigt dir, was du erreichen kannst, wenn du diese Qualitäten in dir selbst nutzt. Der Hierophant zeigt dir den spirituellen Weg, um weltbewegende Dinge tiefgehender zu betrachten. Wenn du Glück hast, findest du den Hierophanten in deinem Freund. Dann wird eure Beziehung dir neue Horizonte eröffnen und zeigen, wie gegenseitiger Respekt eine Liebe bereichern kann.

Umgekehrt

Unter der Oberfläche ist nicht alles Gold, was glänzt. Dein so genannter Philosoph könnte sich als falscher Guru oder Scharlatan entpuppen. Ein geliebter Mensch oder eine Freundin benötigt Hilfe. Jemand fühlt sich einsam und ausgeschlossen. Betrachte dich und deine Mitmenschen sehr genau und achte darauf, dass alle aufrichtig zueinander sind.

6. Die Liebenden

Herrscher: Zwilling. Liebe bedeutet Partnerschaft zwischen zwei Menschen, ein Gleichgewicht der Kräfte zum Wohl beider. Diese Karte steht aber auch für deine eigene Ausgeglichenheit. Kennst du die alten chinesischen Begriffe Yin und Yang? Das weibliche Yin stellt die kühle Energie des Wassers dar, die mit ausreichend männlichem Yang zum Siedepunkt gelangt. Besitzt jemand zu viel Energie und Kraft, kann das zu einem Albtraum werden, genau wie zu viel Hitze Wasser zum Überkochen bringt und zu viel Wasser jedes Feuer löscht. Diese Karte steht auch für Entscheidung und Verpflichtung. Sich zu entscheiden, heißt nicht zu wählen, ohne zu überlegen. Ziehst du einen Menschen einem anderen vor, so hat dies Auswirkungen. Denke gründlich nach, bevor du etwas entscheidest.

Aufrecht

Dir begegnet die Liebe. Es ist deine Chance, deine Wünsche mutig umzusetzen. Entscheide dich und stehe dazu. Dann kannst du über dich selbst hinauswachsen. Natürlich ist nicht immer die Liebe zu einem Jungen oder einem Mädchen gemeint. Liebe kann auch in Form eines neuen Haustiers oder einer neuen Freundin in deinem Leben erscheinen. Sie wird in jedem Fall neue Qualitäten in dir zum Vorschein bringen: Nutze sie und lerne daraus!

Umgekehrt

In dieser Position steht die Karte für einseitige Liebe oder für deine eigenen inneren Kämpfe. Deine Liebe könnte einen anderen Menschen anziehen. Vielleicht bist du mit jemandem nur wegen seines guten Aussehens zusammen. Prüfe alles noch einmal gründlich. Man weiß ja nie: Vielleicht gefällt dir, was du herausfindest.

7. Der Wagen

Herrscher: Krebs. Der Wagen steht für Tempo und Energie, Kampf und Sieg. Wenn du zuversichtlich bleibst, gewinnst du das Rennen mit einer Mischung aus Glück, Intuition und Vorausplanung. Der Lenker des Siegerwagens muss sehr geschickt sein. Die beiden Wagenpferde – das eine schwarz, das andere weiß – stehen für Herz und Verstand. Es erfordert Klugheit, Disziplin und einen klaren Kopf, sie unter Kontrolle zu halten. Denke daran, ein ungeübt gelenkter Wagen kann aus der Bahn geraten. Die symbolische Zahl für diese Karte ist die Glückszahl Sieben.

Aufrecht

Vor dir liegt eine schwierige Wegstrecke und die vielen Möglichkeiten verwirren dich. Du fühlst dich zwischen logischem Denken und deinen Gefühlen hin und her gerissen und niemand kann dir aus dieser Lage helfen. Bleibe im Sattel und verfolge deinen Weg. Es kann sein, dass du auf ein Abenteuer aus bist – sei es körperlich oder emotional. Du musst jetzt handeln, auch wenn dich ein harter Kampf erwartet. Wenn du dich anstrengst, wird dir bestimmt gelingen, was du erreichen möchtest.

Umgekehrt

Wenn du vom Wagen fällst, weil du nicht aufpasst und zu viel riskierst, dann könntest du dir sehr wehtun. Auch wenn du deine Energie nicht angemessen einsetzt, läufst du Gefahr, dich und dein Umfeld zu verletzen. Denke an die Macht des Wagens und wo sie dich hinbringen kann, wenn du ihn richtig lenkst. Vergiss jedoch nicht, wie sehr sie dir und anderen schaden kann, wenn dir der Wagen außer Kontrolle gerät.

8. Kraft

Herrscher: Löwe. Bei dieser Karte geht eher um Willensstärke als um körperliche Kraft. Die Chinesen sagen, selbst der höchste Bambus könne nicht vom Wind umgestürzt werden, weil seine Wurzeln stark sind. Gleichzeitig geht es hier um die Beziehung zwischen den Sonnen- und Schattenseiten der Menschen, den spirituellen und den eher erdverbundenen Teilen unserer Seele. Kennst du die Geschichte von der Schönen und dem Biest, in der die Reinheit von Belles Geist den Zorn des Biestes besiegt? Diese Beziehung gelingt am Ende, weil beide einen Weg zueinander gefunden haben.

Aufrecht

Zusammen mit einem Freund oder einer Freundin, wirst du deine Situation verändern und etwas erreichen, wenn du es wirklich willst: abnehmen, fit werden oder eine Prüfung bestehen. Werde dir klar darüber, was du möchtest und was du brauchst, um an dein Ziel zu gelangen. Tue dann, was du tun musst – mit erhobenem Kopf und siegesgewisser Selbstsicherheit.

Umgekehrt

Es fehlt dir an Vertrauen oder Willen. Du glaubst nicht an deine Fähigkeiten und könntest von deinen Pflichten überwältigt werden. Du erkennst nicht, dass du die Kraft besitzt, selbst zu tun, was du möchtest oder so zu werden, wie es dir gefällt. Deine Versuche, abzunehmen oder fit zu werden, scheitern, was schlecht für deine Gesundheit und Selbstachtung ist. In der Schule bekommst du eine schlechte Note, weil du keinen Sinn im Lernen siehst. Sieh dir die Karte noch einmal an und erkenne, was Kraft wirklich bedeutet, dann wirst du erstrahlen wie die Sonne.

9. Der Eremit

Herrscher: Jungfrau. Kennst du die Geschichte von Jesus, als er in die Wüste ging? Er tat dies nicht, um sich zu vergessen, sondern um sich selbst zu finden. Genau so rät dir diese Karte, dir einmal eine Auszeit zu gönnen. Überall auf der Welt sind es gerade die weisen Menschen, die sich in die Einsamkeit zurückziehen: Zen-Mönche oder Künstler vollbringen ihre Meisterwerke in aller Abgeschlossenheit. Der Eremit sucht die Weisheit und wacht über sie. „Wer sucht, der findet", lautet sein Mantra.

Aufrecht

Der Eremit rät dir: Nimm dir Zeit, um dein Inneres zu erforschen und eine Lösung für deine Probleme zu finden. Dies tut dir besonders gut, wenn für dich eine neue Lebensphase beginnt, z. B. wenn du vom Mädchen zu einer jungen Frau reifst. In dieser Zeit hörst du auf, nur in den Spiegel zu schauen. Du möchtest wissen, wo dein Platz auf dieser Welt ist. Sobald du dies herausgefunden hast, kannst du auch den Augenblick wieder richtig genießen.

Umgekehrt

Du bist verunsichert und kleinlaut. Du hörst nicht auf die Menschen in deiner Umgebung, weil du zu sehr mit dir selbst beschäftigt bist. Du lässt dich gehen und das könnte dich krank machen. Handle nicht überstürzt. Du besitzt einen klaren Verstand, aber wenn du nicht an ihn glaubst, dann könnte dich dein unüberlegtes Handeln in Schwierigkeiten bringen. Menschen, die sich zurückziehen, wenden sich nicht von der Welt ab: Sie wollen herausfinden, wie sie ihr besser dienen können. Denke darüber nach und dein Geist wird wachsen.

10. Rad des Schicksals

Herrscher: Jupiter. Menschen verschiedener Religionen glauben an den beständigen Wechsel aus Geburt, Tod und Wiedergeburt, der uns durch viele Leben hindurch bis zur Vollkommenheit führt. Wer seine Lektion gelernt hat, kann somit in jedem Leben einen wertvolleren Beitrag für die Menschheit leisten. Niemand kennt die Kraft, die das Rad in Bewegung hält und niemand kennt sein Schicksal. Die wichtigste Lektion besteht darin, dem Universum zu vertrauen und zu wissen, dass wir für unsere Taten selbst verantwortlich sind, aber nicht dafür, was die Welt uns antut.

Aufrecht

Dich erwartet eine glückliche Pause, bevor du dich wieder auf den Pfad begibst, der dich schnell an dein Ziel bringt. Vielleicht wird dich bald ein geliebter Mensch in die Arme schließen. Oder in der Schule bzw. im Arbeitsleben wird sich für dich eine Tür öffnen, die du zuvor noch nicht kanntest. Beide Male geht es nicht darum, sich vom Schicksal treiben zu lassen: Weise Menschen erkennen ihre Chancen und ergreifen sie. Wer zögert, könnte bald zu den Verlierern zählen.

Umgekehrt

Du verlierst immer mehr Energie und kannst nicht verhindern, dass unerwartete Ereignisse deine Pläne zunichte machen. Beziehungen, Freundschaften und Geldangelegenheiten scheinen aus der Bahn zu laufen. Es ist einfach, unglückliche Umstände als Schicksal abzutun und nichts zu unternehmen. Aber es ist dein Schicksal und du musst eine Lösung finden. Betrachte alles auf längere Sicht hin, bringe dein Schicksalsrad wieder in Bewegung und warte ab, was du mit etwas Energie und Pflichtgefühl erreichen kannst.

11. Gerechtigkeit

Herrscher: Waage. Wenn wir uns zu sehr mit den falschen Dingen beschäftigen – wie wir auf andere wirken, wie wir aussehen, wie viel Geld wir haben –, dann geraten die Waagschalen der Gerechtigkeit aus dem Gleichgewicht und wir versinken immer mehr in Eigennutz und Egoismus. Wenn wir uns jedoch der Außenwelt und uns selbst gegenüber aufrichtig, freundlich und überlegt verhalten, ohne uns dabei ausnutzen zu lassen, dann sind die Waagschalen wieder im Gleichgewicht und wir bekommen mehr als wir verdienen. Denk an das alte Sprichwort: „Wie du säst, so erntest du."

Aufrecht

Du könntest das Rezept für die wahre Liebe gefunden haben – ein reines Herz gepaart mit wachem Verstand. Du hast für deine Ziele hart gearbeitet und darfst nun deine wohl verdienten Lorbeeren ernten. Vielleicht bekommst du auch für deine faire und moralische Einstellung Anerkennung. Die Menschen verlassen sich auf deine Entscheidungen, weil sie dir vertrauen. Achte darauf, dass du nicht arrogant wirst. Sei selbstbewusster.

Umgekehrt

Wenn die Waagschalen aus dem Gleichgewicht geraten, dann wird eine Beziehung einseitig. Du verhältst dich planlos und bist verwirrt und kraftlos. Du orientierst dich einseitig und kannst keine Entscheidung treffen. Schreib auf eine Liste, was dich bewegt: in eine Spalte das Positive, in die andere das Negative. Wenn du eine Entscheidung treffen musst, dann schreib in die eine Spalte, was dafür spricht, in die andere, was dagegen spricht. Danach kannst du dich zurücklehnen und alles gegeneinander abwägen.

12. Der Gehängte

Herrscher: das Element Wasser. Diese Karte steht für das Opfer. Ein Mensch hängt an einem dornigen Ast, kampflos und unfähig, sich zu befreien. Die Dornen stechen ihn, aber er blutet nicht. Haare und Schärpe flattern im Wind, die Augen sind meditativ geschlossen. Der Gehängte ist kein Opfer und er bittet niemanden, ihn zu befreien. Er hat sich selbst zum Opfer erwählt, um meditierend seinen Platz auf dieser Welt zu erkennen. Mit dem Kopf nach unten sieht er die Dinge, wie sie wirklich sind: Manchmal muss man radikal sein, um die richtige Perspektive zu finden. Die Frage ist: Bist du dazu bereit?

Aufrecht

Deine Geduld und Opferbereitschaft wird auf die Probe gestellt. Könntest du alles, was dir wichtig ist, aufgeben, um dadurch die Welt zu verbessern? Wie steht es mit einem Projekt in der Schule, das dir wirklich am Herzen liegt: Würdest du es aufgeben, damit es funktioniert? Wenn du zu der Gruppe gehörst, die gegen das Projekt ist, würdest du den Widerstand aufgeben? Keiner wird dich um dieses Opfer bitten und du trägst die volle Verantwortung für deine Entscheidung.

Umgekehrt

Was passiert, wenn du dich weigerst, ein notwendiges Opfer zu erbringen? Welche Wirkung hat dein Verhalten auf dein Leben, deine Liebe, deine Freunde? Wie würde das Projekt ohne dich laufen bzw. ohne deinen Widerstand? Nimm die Scheuklappen ab und betrachte dich und deinen Platz auf dieser Welt noch einmal: Du wirst viele Erkenntnisse gewinnen.

13. Der Tod

Herrscher: Skorpion. Tod bedeutet Ende, doch nicht immer das Ende des Lebens. Diese mächtige Karte steht für den Übergang, für die Geburt einer neuen Lebensform – wie ein Schmetterling, der aus seiner Puppe entflieht. Etwas, das endet, macht den Weg frei für etwas Neues, Tiefgreifendes. Es könnte eine neue Liebe bedeuten, die dir nur begegnet, wenn du eine alte beendest. Vielleicht geht es auch um das Ende deiner Kindheit und den Übergang in die nächste Lebensphase oder um die Entfaltung deiner Seelenkraft und deines spirituellen Wachstums. Jedenfalls besteht kein Grund zur Traurigkeit.

Aufrecht

Du verlierst etwas, das dir sehr wertvoll scheint. Es könnte dein Freund oder deine Gesundheit sein – du fühlst, dass deine Energie und Kraft schwindet, dass die Lebensumstände dich niederschmettern und du selbst nichts daran ändern kannst. Tue dir einen Gefallen und lass es zu. Denke daran, dass jeder Baum im Herbst sein Laub verliert, das dann auf dem Boden das Wachstum der unterirdischen Triebe fördert. Auf dich übertragen, bedeutet dies, eine neue Liebe, neue Ideen und neue Energie. Du wirst aus einer Situation mit doppelt so viel Kraft hervorgehen, wenn du darauf vertraust, dass sich alles zum Guten wendet.

Umgekehrt

Du bist wie eine Schlange, die sich nicht häuten will oder wie ein Schmetterling, der seine Puppe nicht verlassen möchte. Lass los und vertraue darauf, dass es besser ist, etwas zurückzulassen anstatt daran festzuhalten. Es ist an der Zeit, das Leben aus einem vollkommen neuen Blickwinkel zu betrachten.

14. Mäßigkeit

Herrscher: Schütze. Maß zu halten, wirkt altmodisch, aber weise Menschen lernen aus der Vergangenheit. Diese Karte symbolisiert Reinigung, die Verwandlung von Schlechtem in Besseres. Die Figur auf der Karte gießt eine Flüssigkeit von einem Kelch in einen anderen, als wolle sie diese dem Universum darbieten, damit es der Verwandlung beiwohnen kann. Für die meisten Menschen heißt Mäßigkeit so viel wie Selbstbeherrschung, – die Kunst, unsere niederen Bedürfnisse in den Kelch zu füllen und ihre Verwandlung abzuwarten. Wenn wir in uns hinein horchen, finden wir das Rezept zur Mäßigkeit. Der Schütze hat einen scharfen Blick, zielt genau und schießt dann seinen Pfeil direkt ins Ziel.

Aufrecht

Die Liebe, um die du dich vielleicht gerade sorgst, wird sich in etwas Magisches verwandeln. Freundlichkeit und Bewunderung entwickeln sich zu tiefer Liebe. Auch das Gefühl von Respekt und Verständnis unter Freunden oder Verwandten wird stärker. Je mehr du anderen gibst, desto zufriedener wirst du betrachten können, wie viel du der Welt zu bieten hast.

Umgekehrt

Das passiert, wenn du den zweiten Kelch verfehlst: Du redest und redest, doch dein Liebster scheint dich nicht zu verstehen. Du teilst etwas mit anderen und sie verlieren oder beschädigen es. Du versuchst, mit älteren Menschen geduldig zu sein, doch du fühlst dich überfordert! Keine Sorge, es liegt an deinem Biorhythmus. Du bist wie ein Schütze, der sich ein neues Ziel sucht. Stehe mit beiden Füßen auf der Erde und sieh genau hin!

15. Der Teufel

Herrscher: Steinbock. Tust du manchmal Dinge, von denen du weißt, dass sie deine Chancen bei jemandem zunichte machen? Isst du Speisen, die dir nicht gut tun? Oder trödelst du absichtlich, wenn du pünktlich sein solltest? Der Teufel steht für Sabotage und die Versuchung des Bösen. Er flüstert dir ins Ohr, um dich zu verführen, doch hier endet seine Macht. Eva hatte die Gelegenheit, den Apfel zurückzuweisen – und du hast sie auch. Finde heraus, was dich wirklich davon abhält, das Beste aus dir zu machen. Wenn du deine eigene Macht erkannt hast, dann bist du in der Lage, dein Leben zu lenken.

Aufrecht

Du bekommst nun eine bessere Perspektive im Leben und kannst betrachten, was dich davon abhält, deine Ziele zu verwirklichen. Der Teufel erinnert dich an deine schlechten Seiten: Du entscheidest, ob du sie dir eingestehen willst oder ob du deine Augen verschließen und so tun möchtest, als gäbe es sie nicht. Wenn du sie verdrängst, gibst du ihnen mehr Kraft. Wenn du jedoch zugibst, dass sie ein Teil von dir sind, dann kannst du sie kontrollieren.

Umgekehrt

Der umgekehrte Teufel steht für das Ende einer Beziehung. Du hast genug und möchtest deine Situation verändern. Wenn du keine Beziehung zu einem anderen Menschen beenden möchtest, dann betrachte einmal kritisch, wie du in letzter Zeit mit dir selbst umgegangen bist. Wer sollte dir den verdienten Respekt entgegenbringen, wenn du dich nicht einmal selbst genug achtest? Es ist an der Zeit, dass du dich von selbst auferlegtem Druck befreist.

16. Der Turm

Herrscher: Mars. Pass auf, worauf du deine Träume aufbaust: Baust du auf Sand, dann wird deine Sandburg einstürzen, egal wie majestätisch sie aussehen mag. Sei dir über deine Absichten im Klaren, sei auf Fehlschläge vorbereitet und sei mutig genug, deine Sandburg einstürzen zu sehen. Manchmal bringt der Turm Zerstörung, einen Sturm, der alles Bisherige mit sich reißt. Aber mach dir keine Sorgen: Der Turm steht dafür, eine Katastrophe als Chance zu einem Neubeginn zu sehen.

Aufrecht

Der Turm übermittelt dir eine Warnung: Du wirst dir selbst wehtun, wenn du den Menschen, die dich lieben und an dich glauben, nicht mehr Zeit gibst. Egal, wie hart du kämpfst: Achte auf deine Familie und deine Freude – das Fundament, auf das dein Leben aufgebaut ist – sonst wirst du nichts erreichen. Sollten dir Wohlstand und Ruhm beschert sein, dann wirst du allein nicht glücklich werden. Dein Selbstvertrauen ist erschüttert. Verbringe mehr Zeit mit Menschen, die dich lieben und finde wieder zu dir selbst. Dann wird die Zeit kommen, deine Ziele durchzusetzen.

Umgekehrt

Diese Karte sagt dir, dass du deine Einstellung ändern musst. Deine Beziehungen zu anderen sind so schlecht wie nie zuvor und du verlierst oft deine Selbstbeherrschung. Du kannst lange darauf warten, dass sich jemand bei dir entschuldigt. Du kannst etwas zwar als Notlüge bezeichnen, doch Lügen sind Lügen und sie verletzen. In deinem Turm schwelt es und wenn du die kleinen Feuer nicht löschst, dann brennen sie alles nieder.

17. Der Stern

Herrscher: Wassermann. Der Stern steht für Hoffnung, für die Sehnsucht nach etwas, das du in ferner Zukunft erreichen kannst. Doch diese Karte dreht sich nicht um deine Träume: Zu hoffen, bedeutet nicht „vielleicht“ oder „eventuell“, sondern „was wäre, wenn …“ Wer diese Karte zieht, soll die eigenen Grenzen überschreiten und sich von der Menge abheben. Der Stern steht für echte Leistungen und Starqualitäten.

Aufrecht

Die Sterne scheinen auf dich herab und bieten dir glänzende Gelegenheiten, – sei es in der Liebe oder bei der Arbeit. Jemand, den der Himmel dir sendet, möchte dir zeigen, was Liebe bedeuten kann, wenn sich zwei Herzen finden. Oder du wirst durch ein Projekt stark inspiriert und die anderen feiern dich als Star. Doch achte darauf, ob jemand in deinem Freundeskreis neidisch ist. Nicht jeder gönnt dir deinen Erfolg. Tue, was alle Sterne tun: Erhebe dich über alles und leuchte. Aber vergiss nicht, selbst in den Sternenhimmel über dir zu blicken.

Umgekehrt

So sieht die Welt aus, wenn eine dichte Wolkenschicht das Sternenlicht verdunkelt. Es kann passieren, dass du deinen Traumprinzen nicht erkennst, selbst wenn er dir im Bus gegenübersitzt. Vielleicht lässt du dich in der Schule gehen, indem du träge und nachlässig wirst. Alles erscheint dir zäh und langsam, doch denke an das alte Sprichwort: „Es gibt immer einen Silberstreifen am Horizont“. Die Sonne ist auch ein Stern und scheint hinter jeder Wolke. Warte bis die Wolken wegziehen, dann leuchtet dein Stern wieder.

18. Der Mond

Herrscher: Fische. Der Mond ist ein Spiegel deines Herzens und steht für Träume, Instinkte und Urtriebe. In der Astrologie findet das Sonnenzeichen sehr viel Beachtung, da es die Außenwirkung beschreibt. Doch der Stand des Mondes zum Zeitpunkt deiner Geburt ist oft noch aussagekräftiger, denn er gewährt einen Blick in dein Inneres. Diese Karte steht für Verwirrung und Besorgnis und erinnert dich stets daran, dass der Mond selbst in dunkelster Nacht noch scheint und uns den Weg weist. Wir müssen unsere Augen nur auf ein neues Ziel richten und dann weitersehen.

Aufrecht

Nach einer Zeit der Verwirrung scheint für dich das Licht wieder. Du hast die Ursache deines Kummers erkannt und lebst wieder auf. Die Mondenergie ist eine ruhige, kühle, weibliche Kraft. Es ist jetzt nicht der richtige Zeitpunkt, zu kämpfen. Gehe in dich und finde den Ursprung deiner Verwirrung. Denke über deine Erkenntnis nach und plane deine nächsten Schritte.

Umgekehrt

Du machst dir Sorgen über dein Verhältnis zu anderen. Vielleicht sprechen die Leute hinter deinem Rücken über dich oder die Stimmung bei dir zu Hause ist angespannt. Schau dir den Mond an und denke darüber nach, wie hell sein Licht ist. Beobachte, wie er jede Nacht ein kleines bisschen zu- oder abnimmt. Vergiss nicht: So lange du aufrichtig bist und andere Menschen korrekt behandelst, wird es nur eine Frage der Zeit sein, bis die Ursache deiner Verwirrung ans Licht kommt.

19. Die Sonne

Herrscher: Sonne. Ohne Sonne gibt es kein Leben. Diese Karte steht für die Sonnenseite des Lebens, für Energie und Hoffnung. Wer ein sonniges Gemüt hat, sieht in allem das Positive. Denke daran, wie du dich bei Sonnenschein fühlst – besonders nach einem Regentag – und erfreue dich an dieser Energie. Genieße die Sonne, solange sie scheint. Niemand hat sie für immer.

Aufrecht

Die Kraft der Sonne erleuchtet dein Liebesleben und gibt dir die Chance, jemandem dein Herz zu öffnen, den du sehr magst. Du möchtest am liebsten den Sonnenschein in dir aufsaugen, selbst wenn es draußen regnet! Nimm dein Fahrrad und zieh los. Fülle Herz und Lunge mit Energie. Deine Batterien laden auf und du kannst dich jeder Herausforderung stellen. Du hast die Chance, etwas zu tun, das dich wirklich aus der Masse hervorhebt.

Umgekehrt

Die Sonne scheint gerade nicht für dich. Eine Beziehung könnte sich auflösen; du fühlst dich schwach und kraftlos. Ein Projekt könnte sich so stark verzögern, dass du es nicht zu Ende bringen kannst oder etwas verläuft im Sand, bevor es richtig begonnen hat und du fühlst dich schuldig. Keine Sorge – es ist nicht von Dauer. Wann hat die Sonne schon mal vergessen zu scheinen? Denke immer daran, dass die Sonne hinter den Regenwolken immer scheint und es nicht lange dauern wird, bis ihre Energie dich wieder durchströmt.

20. Das Gericht

Herrscher: Element Feuer. In der Bibel steht das Jüngste Gericht für den Tag, an dem Gott dein Leben beurteilen und entscheiden wird, ob du in den Himmel oder in die Hölle kommst. Hier vereinen sich alle Geschichten vom Weihnachtsmann und von der Zahnfee. Warst du nun gut oder warst du es nicht? Doch die Karte erinnert dich auch daran, dass für dich der Tag des Jüngsten Gerichts noch nicht gekommen ist und du noch viel Zeit hast. Überlege dir, was du tun musst, um nicht von der rechten Bahn abzukommen. Das Gericht verspricht Perspektiven und fordert dich auf, zu lernen, was du für dein Vorankommen brauchst.

Aufrecht

Eine Zeit für Reformen. Jemand aus der Vergangenheit tritt wieder in dein Leben und du hast die Gelegenheit, zu sagen und zu tun, was zuvor ungesagt und ungetan geblieben ist. Etwas ändert sich: Du gewinnst neue Einblicke und kommst auf der Leiter ein Stück nach oben. Wer an etwas arbeitet, das er bisher vernachlässigt hat, kann es diesmal erfolgreich zu Ende bringen.

Umgekehrt

Selbst wenn du eine zweite Chance erhältst, siehst du nicht, was sich direkt vor deinen Augen befindet. Du fühlst dich schlecht, bist gelangweilt und glaubst, die ganze Welt sei gegen dich. Egal, was du tust: Es scheint, als ob sich jeder bereits seine Meinung über dich gebildet hätte. Vielleicht richtest du mit deiner negativen Energie gar über andere. Betrachte dein Leben sorgfältig und ergreife jede Gelegenheit, um die Dinge für dich umzugestalten. Fast immer liegt die Lösung in deinem Inneren verborgen.

21. Die Welt

Herrscher: Saturn. Dies ist die letzte Karte der Großen Arkana und doch der Anfang deiner spirituellen Reise. Die Welt steht für das, was du haben kannst, wenn Herz und Verstand eine Einheit sind. Du bist für ein neues Kapitel bereit. Die Welt und Der Narr stehen jeweils an einem Ende des Tarot-Decks. Sie erinnern dich daran, dass es immer weitergeht, dass es sogar immer spannender wird, je tiefer du die Geheimnisse dieser Welt ergründest. Wie die Helden aus der griechischen Mythologie wirst du Vertrauen, Mut und Entschlossenheit brauchen, um den Schlüssel zu finden.

Aufrecht

Die Welt steckt voller Gelegenheiten, Wunder und Energien. Dies hilft dir, so zu sein, wie du es dir wünschst. Unter einer Bedingung: Du musst bescheiden, ruhig und überlegt handeln. Deine Gesundheit ist so gut wie nie zuvor, du bist stolz auf dich und gibst dein Bestes in Schule und Familie. Du hast alle Möglichkeiten: Du kannst um die Welt reisen – entweder indem du wirklich deinen Rucksack packst oder indem deine Fantasie, deine Gedanken und deine Erwartungen dich beflügeln.

Umgekehrt

Du stellst dich der Welt nicht, sondern bist von deinem Ego verblendet. Zufriedenheit erwächst aus Leistung, indem du das Beste gibst, was in dir steckt. Diese Karte erinnert dich daran, dass du es bist, die sich weigert, ins Dunkel zu treten, um am anderen Ende wieder hervorzukommen. Erinnere dich an die griechischen Heldensagen und lass dich von ihnen inspirieren.

Die Kleinen Arkana

Die 56 Karten der Kleinen Arkana werden in vier Farben unterteilt – Schwerter, Kelche, Münzen und Stäbe. Diese Farben sind die Vorläufer der modernen Kartendecks mit Herz, Karo, Pik und Kreuz. Im Tarot vereinen sich Einflüsse aus tausenden von Jahren. Auch die Astrologie zählt dazu. Die Kelche ordnet man den Wasserzeichen (Krebs, Skorpion, Fisch) zu, die Münzen den Erdzeichen (Stier, Jungfrau, Steinbock). Uneins sind sich die Tarot-Experten darüber, ob die Stäbe den Luftzeichen (Zwilling, Waage, Wassermann) und die Schwerter den Feuerzeichen (Widder, Löwe, Schütze) zugeteilt werden oder umgekehrt.

Könige und Königinnen werden bald in dein Leben treten oder spielen darin bereits eine wichtige Rolle. Könige sind z. B. Väter, Liebhaber, Lehrer, Vorgesetzte oder andere Autoritätspersonen; Königinnen repräsentieren die weiblichen Pendants. Ein Ritter tritt meist als Bruder, Geliebter oder bester Freund auf. Die Karte kann aber auch bedeuten, dass eine männliche Respektsperson ihren Einfluss auf dich verliert. Pagen sind meist Kinder, aber auch Boten oder Freunde. Die Pagen der Kelche und Münzen sind ruhig und verantwortungsvoll, während die der Stäbe und Schwerter aktiver sind.

Die Zigeuner achteten stets auch auf die Färbung der Karten und auch du kannst sie berücksichtigen: Bei den Kelchen sind die Figuren blond und hellhäutig, bei den Stäben braunhaarig und hellhäutig, bei den Schwertern dunkelhaarig und dunkelhäutig und bei den Münzen sehr dunkelhaarig und dunkelhäutig. Wenn du genau hinschaust, dann erkennst du in den Figuren vielleicht Personen aus deinem Leben.

Schwerter

- *Macht*
- *Respekt*
- *Mut*

Ass der Schwerter

Aufrecht: Du bist eine Quelle der Inspiration und sprudelst vor Ideen. Du bekommst, was du willst und fühlst dich gut. Genieße deine Macht.

Umgekehrt: Dein Weg ist voller Hindernisse. Vielleicht hast du einen Unfall oder dein eigener Perfektionismus hindert dich daran, deine Ziele zu erreichen.

Zwei der Schwerter

Aufrecht: Du diskutierst lebhaft über das Leben und die Liebe, entweder mit einer anderen Person oder mit dir selbst. Deine Gedanken tragen dich davon wie ein fliegender Teppich.

Umgekehrt: Ein Freund oder dein Liebster ist nicht aufrichtig. Oder bist du selbst nicht ehrlich? Vielleicht verwechselst du Freundschaft mit Liebe.

Drei der Schwerter

Aufrecht: Drei sind einer zu viel. Du fühlst dich eingeengt. Du musst Entscheidungen treffen. Überlege genau, wer die Gruppe verlassen soll und weshalb: Auch du könntest es sein.

Umgekehrt: Eine dritte Person in eurer Gruppe verbreitet Klatsch über dich und könnte dich damit verletzen. Jemand Neues könnte wichtig werden. Im Moment weiß niemand, wie sich die Kräfte in Zukunft verteilen.

Vier der Schwerter

Aufrecht: Du befindest dich in einer Zeit des Übergangs. Eine Weile wird sich nichts ereignen, doch du machst Pläne und schaust nach vorn.

Umgekehrt: Die Zeit, in der du dein Leben nicht im Griff hattest, ist nun vorbei. Handle jedoch vorsichtig, vor allem, wenn es um Geld geht.

Fünf der Schwerter

Aufrecht: Du fühlst dich nicht gut: Deine Freunde unterstützen dich nicht und deine Feinde sind gegen dich. Du schläfst sogar schlecht. Du kannst niemandem trauen und es hängt Streit in der Luft. Zieh dich nicht zurück – du musst für dich kämpfen.

Umgekehrt: Du bist ins Fettnäpfchen getreten. Etwas scheint sehr verlockend, besonders wenn es mit Liebe zu tun hat. Handle dennoch so, wie es dir die Fünf der Schwerter rät: Widerstehe, die Zeit ist nicht reif dafür.

Sechs der Schwerter

Aufrecht: Du hast genug Mut, um dich auf eine unsichere Sache einzulassen. Gleichzeitig suchst du aber auch nach Hilfe. Diese Friedenskarte fordert dich auf, deine Gedanken und Ideen zu ordnen. Halte Ausschau nach Reisemöglichkeiten.
Umgekehrt: Der Weg vor dir ist blockiert. Nichts, was du tust, um einen anderen Menschen anzuziehen, klappt. Doch das Unerwartete kann immer eintreten. Was genau blockiert deinen Weg? Betrachte die Dinge genau. Du könntest auch eine angenehme Überraschung erleben.

Sieben der Schwerter

Aufrecht: Du bist in Partylaune und hast die Chance, eine alte Freundschaft oder Liebe wieder aufleben zu lassen. Auch wenn du ganz klar siehst, was zu tun ist, wird es doch deine ganze Kraft erfordern.
Umgekehrt: Du bist leichtsinnig und träge: Du nimmst nichts ernst oder kannst dich nicht auf deine Pflichten konzentrieren. Du beharrst zu starrsinnig auf deiner Meinung: Pass auf, dass du in diesem chaotischen Zustand keinen geliebten Menschen verärgerst oder ein Geheimnis preisgibst.

Acht der Schwerter

Aufrecht: Man bietet dir eine Lösung an, durch die du eine neue Seite in einem Kapitel deines Lebens aufschlagen kannst. Du findest neue Freunde und löst eine alte Beziehung auf. In der Schule läuft es gut. Denk daran, alten Freunden etwas Zeit zu widmen.
Umgekehrt: Dir sind die Hände gebunden: Du kannst nicht sagen und tun, was du möchtest. Die Menschen in deiner Umgebung sind unzuverlässig und hemmen dich.

Neun der Schwerter

Aufrecht: Hör auf deine Träume und erkenne deine eigene seelische Kraft. Du würdest gern von zu Hause weggehen oder eine Beziehung beenden, aber handle nicht übereilt. Wenn du dir Zeit zum Nachdenken nimmst, kannst du dir über die Dinge klar werden.
Umgekehrt: Du bist verwirrt und weißt nicht, wer deine wirklichen Freunde sind. Die Leute reden hinter deinem Rücken über dich, aber du trägst deinen Teil dazu bei. Du fängst schnell Streit an. Sei vorsichtig, sonst droht dir Gefahr.

Zehn der Schwerter

Aufrecht: Du kämpfst um eine große Entscheidung. Du kommst nicht weiter, doch nur du hast den Schlüssel zur Lösung. Egal, welche Tür du öffnest, sie führt dich in ein neues Kapitel deines Lebens.
Umgekehrt: Es gibt kleine Veränderungen in deinen Lebensumständen: Vielleicht wird dein Taschengeld erhöht oder aus einer Freundschaft wird mehr. Was es auch ist, genieße es. Du bist auf der Gewinnerseite, also setze nicht alles aufs Spiel, indem du dich vergeblich an etwas klammerst.

Page

Ritter

Königin

König

Page der Schwerter

Aufrecht: Eine gute Zeit, um deine Pläne voranzubringen. Denke daran: Auf Worte müssen Taten folgen. Jemand aus deiner Nähe besitzt starke psychische Kraft. Diese Karte warnt dich davor, zu tief in Bereiche vorzudringen, die du nicht verstehst.

Umgekehrt: Du bist versucht, Dinge zu tun, von denen du weißt, dass sie falsch sind. Du bist stets von starken Einflüssen umgeben, die wieder aus deinem Leben verschwinden werden: Wenn du sie wirken lässt, dann wirst du für den Rest deines Lebens die Konsequenzen zu tragen haben. Sei gut vorbereitet!

Ritter der Schwerter

Aufrecht: Du möchtest etwas Neues beginnen und hast die Kraft dazu. Du hast Glück, bist gesund, voller Energie und bereit, Risiken auf dich zu nehmen.

Umgekehrt: Du bist kraftlos, willst es aber nicht zeigen. Du erscheinst stolz und arrogant. Pass auf, was du sagst. Du bist grob und könntest Probleme bekommen.

Königin der Schwerter

Aufrecht: Du bist klug und hast viele Ideen, aber gebrauche dein flottes Mundwerk nicht dazu, andere niederzumachen. Du hast Kraft, aber eine gute Beziehung heißt nicht, den anderen zu unterdrücken. Genieße deine Macht, aber missbrauche sie nicht!

Umgekehrt: Du tust, als ob du alles besser wüsstest, doch bei den anderen kommt es als Selbstgerechtigkeit an. Du besitzt Macht, aber du setzt sie nicht richtig ein. Du genießt deine Macht über andere und bist grausam.

König der Schwerter

Aufrecht: Ein Mann oder Junge mit echten Führungsqualitäten ist in deiner Nähe – jemand, der weiß, worauf es ankommt. Er zeigt dir, wie du dich verwirklichen kannst, und eure Beziehung verwandelt sich vielleicht sogar in echte Liebe.

Umgekehrt: Die Karte warnt dich vor jemandem mit eigennützigen, ja sogar gewalttätigen Tendenzen. Er ist stur und du musst ihm aus dem Weg gehen.

Kelche

- Beziehungen
- Kreativität
- Emotionen

Ass der Kelche

Aufrecht: Das Leben meint es gut mit dir. Du fühlst dich stark und kommst mit deinen Freunden und deiner Familie gut aus. Diese Karte weist auf eine neue Liebe oder Freundschaft hin.

Umgekehrt: Du bist besorgt und sehr unruhig. Du trägst viele Konflikte in dir und spielst mit dir selbst Tauziehen.

Zwei der Kelche

Aufrecht: Du hast Erfolg und deine Zukunft sieht rosig aus. Du findest leicht neue Freunde und in der Liebe läuft es gut – eine Schwärmerei kann sich zu einer sehr spannenden Beziehung entwickeln. Du hast die Chance zu einem Neuanfang.

Umgekehrt: In der Liebe läuft es nicht gut und genauso wenig mit einem Projekt, an dem eine gewisse Person beteiligt ist. Du kämpfst um Liebe und Freundschaft. Wahrscheinlich sind einige deiner besten Freunde unaufrichtig.

Drei der Kelche

Aufrecht: Die Dinge laufen aus dem Ruder. Nimm dir, was du willst, aber bezahle dafür. Lerne, selbst genug Trümpfe in den Händen zu behalten, um notwendige Veränderungen zu bewirken. Wenn du einen klaren Kopf bewahrst, dann bekommst du gute Ideen und inspirierst alle in einer scheinbar schwierigen Situation. Eine Feier steht an.

Umgekehrt: Zu viel des Guten kann schaden – dies gilt auch für das Glück. Du stehst mit dem Rücken zur Wand und gelangst nur mit Verzögerung ans Ziel. Achte darauf, was diesen Stillstand verursacht und lerne deine Lektion.

Vier der Kelche

Aufrecht: Deine psychische Energie befindet sich etwas im Ungleichgewicht. Du fühlst dich gelangweilt und matt. Du bist unzufrieden mit deiner Liebe und kommst dir seltsam, träge und kraftlos vor. Vielleicht erkennst du deine Chancen gar nicht mehr?

Umgekehrt: Mit deiner sturen Haltung gewinnst du keine Freunde. Konzentriere dich auf deine Stärken und finde neue Lösungen für alte Probleme, anstatt mit anderen zu hadern.

Fünf der Kelche

Aufrecht: In deinem Leben herrscht Unruhe. Denk daran: Um Raum für Neues zu schaffen, musst du zuvor das Alte ordnen. Verzeihe allen, denen du etwas zu verzeihen hast. Eine neue Beziehung könnte sich anbahnen. Bevor du die alte jedoch aufgibst, überdenke alles. Du bist verwirrt und das Lernen fällt dir schwer.
Umgekehrt: Wenn du etwas nicht verstehst, dann frag deine Freunde um Rat. Nimm dich vor Klatsch in Acht. Lügen könnten dir ernste Probleme bereiten.

Sechs der Kelche

Aufrecht: Du bist nostalgisch, doch vergiss nicht: Wenn du in der Vergangenheit lebst, dann verpasst du die Zukunft. Lass dich nicht von Vergangenem aufhalten. Erkläre, wie du die Dinge gesehen hast, und sieh dann nach vorn. Diese Karte steht für Harmonie und Vereinigung.
Umgekehrt: Du erhältst aufregende Neuigkeiten – und vielleicht Besuch von einem lieben Menschen. Bei all dem kannst du dich nicht gut auf die Schule konzentrieren. Vielleicht erreichst du deine Ziele nicht, weil es dir nicht leicht fällt, jemanden zu finden, der dir hilft.

Sieben der Kelche

Aufrecht: Diese Karte steht für Leidenschaft und Romantik. Dir bieten sich viele Chancen. Du musst nur die richtige Wahl für dich selbst treffen. Dich erwarten eine Auslandsreise oder etwas Neues, das dein Engagement erfordert.
Umgekehrt: Du kannst Menschen nicht trauen und deine Entscheidungskraft ist eingeschränkt. Romantik zeigt ihre Schattenseite, wenn sie zu sehr von deinem Leben Besitz ergreift. Vertrau dir selbst und bekomme deine Gefühle wieder unter Kontrolle.

Acht der Kelche

Aufrecht: Du steckst voller Ideen. Du bist in Einklang mit deinen Gefühlen und triffst gute Entscheidungen. Selbst vor der Liebe kannst du davonlaufen, denn du weißt: Es ist momentan das Richtige für dich. Nach der Arbeit solltest du deine Freizeit genießen.
Umgekehrt: Wenn du dich zum Chef aufspielst, dann kommt es zum Streit. Freundlichkeit ist dein Schlüssel zum Glück.

Neun der Kelche

Aufrecht: Jeder wäre gern an deiner Stelle. Ein Wunsch geht in Erfüllung. Wenn du auf Zeugnisnoten oder die Ergebnisse eines Projekts wartest, wirst du angenehm überrascht werden.
Umgekehrt: Wenn du nicht gut vorbereitet bist, dann bist du auf der Verliererseite. Du warst stur und das zeigt sich jetzt.

Zehn der Kelche

Aufrecht: Dies ist die Karte des Sommers. Du wirst gelobt und kannst dich daran erfreuen. Du verdienst es, denn du hast gute Entscheidungen getroffen und Risiken auf dich genommen. Aber vergiss nicht: Auf den Sommer folgt der Herbst.
Umgekehrt: Du bist eigensinnig und wolltest alles allein machen. Das hat nicht funktioniert und nun ist jeder wütend auf dich. Aus jedem Fehler kannst du lernen.

Page der Kelche

Aufrecht: Es ist Zeit, dass du allen Menschen deine Gefühle mitteilst – vor allem dem Jungen, der wachsendes Interesse an dir zeigt. Suche Gelegenheiten, deine Qualitäten zu beweisen – etwa bei einem Familientreffen, neuen Projekten oder einem Jobangebot. Zeige allen: Du bist für diese Aufgabe wie geschaffen.
Umgekehrt: Habe Geduld. Deine Wünsche werden erfüllt, sobald es an der Zeit ist. Pflege deine Haut. Unreine Haut lässt sich durch gute Ernährung vermeiden.

Ritter der Kelche

Aufrecht: Freunde möchten dich besuchen und bringen jemanden mit, der attraktiv für dich ist. Jemand will mit dir ausgehen und du könntest zu einer Rivalin werden.
Umgekehrt: Lass dir nicht einreden, du seiest zu dick oder zu dünn. Wenn du verliebt bist, kann es Probleme geben. Nimm es hin und lerne daraus.

Königin der Kelche

Aufrecht: Dein Leben verläuft glücklich und zufrieden. Eine reife Frau steht dir zur Seite, die etwas verträumt scheint. Freundinnen helfen dir und du könntest bei einer guten Sache mitwirken. Deine Aufrichtigkeit bringt dir Glück.
Umgekehrt: Ein böswilliges Mädchen redet schlecht über dich. Vergiss nicht: Niemand kann dich zwingen, zu tun, was du nicht willst.

König der Kelche

Aufrecht: Mit einem älteren Mann kannst du dich besser unterhalten als gedacht. Du akzeptierst ihn als Vorbild. Wenn der König für einen älteren Jungen steht, den du magst, dann seid ihr vielleicht seelenverwandt. Es geht um tiefe Freundschaft oder Liebe, nicht um eine vorübergehende Schwärmerei.
Umgekehrt: Ein künstlerisch begabter Mann hat vor, dich zu verletzen. Es ist unfair und wird einen Skandal verursachen, aber du musst bei deiner Version der Dinge bleiben; am Ende gewinnt der Aufrichtige.

Page

Ritter

Königin

König

Münzen

- *Irdische Freuden*
- *Besitz*
- *Geld*

Ass der Münzen

Aufrecht: Du fühlst dich zufrieden und sicher. Du kommst zu Geld und freust dich, es mit geliebten Menschen teilen zu können.
Umgekehrt: Nicht alles, was glänzt, ist Gold. Du hast auf das falsche Pferd gesetzt und Geld verschwendet.

Zwei der Münzen

Aufrecht: Eine gute Zeit für Abenteuer!
Umgekehrt: Zwischen dir und einem dir nahe stehenden Menschen gibt es ein Missverständnis, bei dem es um Geld geht. Du darfst nicht jedem misstrauen.

Drei der Münzen

Aufrecht: Im Moment ist dein Leben nicht einfach: Sei vorsichtig und alles wird gut. Du befindest dich vorübergehend in einem Engpass, doch die Dinge geraten schon bald wieder in Fluss und es beginnt ein nächster Lebensabschnitt.
Umgekehrt: Du fühlst dich träge und lustlos. Du könntest Geld und Freunde verlieren, nur weil du dich nicht genug um sie kümmerst. Erkenne, was du daraus lernen kannst.

Vier der Münzen

Aufrecht: Bist du zu streng mit dir, wenn du Geld ausgibst? Du verdienst genug, also sei nicht geizig. Es ist an der Zeit für Zukunftspläne.
Umgekehrt: Du wurdest mitten in einer Aktion abgebremst und selbst wenn du jetzt bare Münzen investieren würdest, wäre es nicht hilfreich. Aber du bist ohnehin zu geizig, um dein Geld auszugeben.

Fünf der Münzen

Aufrecht: Du bist ungeduldig und ängstlich und deine Pläne zerplatzen. Bei allem, was du tust, machst du Fehler. Du musst den Dingen auf den Grund gehen und herausfinden, was du falsch machst.
Umgekehrt: Dieses Problem ist zu groß für dich allein. Pass auf, dass du einen dir nahe stehenden Menschen nicht überrumpelst, es könnte dir schaden. Bereite dich auf einen Umzug vor.

Sechs der Münzen

Aufrecht: Du hast eine Glückssträhne. Dir gelingt gerade alles – besonders in der Schule – und du bist großzügig. Du verwendest deine Energie darauf, anderen zu helfen und das verhilft dir wiederum zu Erfolg.
Umgekehrt: Du bist gierig und selbstsüchtig. Du hast dein ganzes Taschengeld ausgegeben und bist eitel. Ändere etwas!

Sieben der Münzen

Aufrecht: Die Sieben ist die Zahl des Wissens. Du findest die Schule jetzt viel interessanter und deine harte Arbeit zahlt sich endlich aus. Du musst einige Entscheidungen treffen, doch die Glücksfee lächelt dir zu. Du könntest auch Risiken eingehen, aber vergiss nicht: Sie gibt keine Versprechen, sondern zwinkert dir immer nur mit einem Auge zu.
Umgekehrt: Leihe niemandem Geld, wenn du auf die nachfolgenden Streitereien nicht vorbereitet bist. Ungeduld und Gier könnten dich eine wichtige Gelegenheit verpassen lassen. Betrachte alles mit einer gewissen Distanz.

Acht der Münzen

Aufrecht: Entwickle in der Schule besondere Fähigkeiten, vielleicht handwerkliche oder künstlerische. Es könnte dir neue Erfolgschancen eröffnen. Du entdeckst eine reifere Seite an dir, wenn du dich deiner Arbeit widmest. Die Schule macht dir jetzt Freude und ist nicht mehr nur eine lästige Pflicht. Dein Fleiß zahlt sich aus und du möchtest zum Ausgleich mehr Zeit mit deinen Freunden verbringen.
Umgekehrt: Du fühlst dich leer und mutlos. Du kannst dir nicht vorstellen, dass es etwas gibt, das du gut machst. Du bist einsam und suchst verzweifelt nach einem Lebenssinn.

Neun der Münzen

Aufrecht: Du spürst deine eigene Stärke, mit der du dich und deine Zukunft besser unter Kontrolle hast. Du magst deinen Körper und dein Aussehen. Du brauchst keine Menschen um dich, die dein Selbstvertrauen stärken – du bist zufrieden und ruhst in dir, nachdem du hart für deine Ziele gearbeitet hast. Die Karte steht für eine ruhige Zeit, doch du hast viel körperliche Energie. Tobe dich an der frischen Luft aus, dann fühlst du dich noch besser.
Umgekehrt: Du erfährst, dass in der Schule jemand besser ist als du, doch du könntest etwas dagegen tun. Du verpasst Gelegenheiten und lässt dich gehen. Trenne dich von Dingen, die du nicht brauchst.

Zehn der Münzen

Aufrecht: Du kommst mit deiner Familie, deinen Freunden und auch mit der Familie deines Liebsten gut zurecht. Du hast Geld und die Welt ist in Ordnung. Vielleicht wirst du sogar für einen Preis vorgeschlagen. Vergiss nicht, in deine Zukunft zu investieren, anstatt alles auf einmal auszugeben: Und das gilt nicht nur für Geld. Widme deinen Freunden und deiner Familie mehr Zeit, dann wirst du noch reicher sein.
Umgekehrt: Alles, was du tust, endet im Moment in einem Desaster. Du machst ständig Fehler, vergisst Dinge und kommst nicht mit deiner Familie aus.

Page

Ritter

Königin

König

Page der Münzen

Aufrecht: Du denkst über Vieles nach – wer du bist, was du willst und wo du leben möchtest. Die Welt wartet auf dich, bist du bereit? Betrachte dies als das Ende eines Kapitels und als Anfang eines neuen.

Umgekehrt: Du kümmerst dich zu sehr um Regeln. Du willst, dass alle deine Meinung akzeptieren, doch ihre interessiert dich nicht. Du konzentrierst dich zu sehr auf die materiellen Dinge des Lebens. Betrachte alles aus einer anderen Perspektive.

Ritter der Münzen

Aufrecht: Hart arbeiten, die Regeln befolgen und langsam die Erfolgsleiter nach oben steigen – das bringt dich ans Ziel deiner Wünsche. Deine schulischen Leistungen verbessern sich und du planst schon den nächsten Schachzug.

Umgekehrt: Du schiebst alles auf die lange Bank und fühlst dich festgefahren. Du verstehst nicht, worüber die Leute reden und alles scheint im Schlamm zu versinken.

Königin der Münzen

Aufrecht: Du entwickelst einen Blick für große Ziele und unbekannte Freiheiten. Du findest heraus, wer du bist und hast Teil an den Wundern dieser Welt.

Umgekehrt: Du bist nicht, was du nach außen hin vorgibst. Du belügst dich selbst und bist verwirrt und schlecht gelaunt. Vielleicht wirst du krank.

König der Münzen

Aufrecht: Es ist an der Zeit, dass du herausfindest, was dir Kummer bereitet. Du bist dir sicher, dass du kein „nein" als Antwort akzeptieren musst.

Umgekehrt: Ein Mann in deinem Leben ist unaufrichtig und unzuverlässig. Meide engstirnige Menschen. Gib Acht, dass du dich nicht zu sehr in den Mittelpunkt spielst.

Stäbe

- *Intuition*
- *Sicherheit*
- *Innere Kraft*

Ass der Stäbe

Aufrecht: Deine Gedanken sind klar und du platzt fast vor Energie. Du bist gut in der Schule und auch in der Liebe läuft alles bestens. Es könnte sein, dass jemand mit dir verreisen möchte.

Umgekehrt: Zieh die Notbremse, du gerätst außer Kontrolle. Hüte dich vor Menschen, die dich manipulieren. Du könntest der Grund für ein in der Schule kursierendes Gerücht sein.

Zwei der Stäbe

Aufrecht: Du solltest nun dein Bestes geben, denn du hast genug Reserven. Du erreichst alle deine Ziele und bekommst die verdiente Anerkennung.

Umgekehrt: Vorsicht: Die Dinge könnten sich für dich im Moment verheerend entwickeln. Du hast Probleme mit einem Lehrer oder eventuell sogar einen Unfall. Wenn du einen Liebesbrief oder eine geheime Botschaft verschicken willst: TUE ES NICHT! Hör auf, andere zu manipulieren.

Drei der Stäbe

Aufrecht: Wenn du andere lobst und ihnen deine Anerkennung zeigst, dann bringt es dir Glück. Was auch immer du anfängst, es gelingt dir.

Umgekehrt: Alles was du tust, misslingt dir. Die Leute reden über dich. Du weigerst dich eigensinnig, deine Fehler einzugestehen und es nützt niemandem.

Vier der Stäbe

Aufrecht: Du bist ruhig und gelassen, besonders wenn du mit Menschen zusammen bist, die dein Selbstbewusstsein stärken. Du darfst auf positive Ereignisse hoffen.

Umgekehrt: Wenn du weiterhin so sorglos mit Worten umgehst, wirst du Fehler machen. Dann könnten dich selbst deine zuverlässigsten Freunde im Stich lassen.

Fünf der Stäbe

Aufrecht: Du musst Geduld haben, wenn du deine Ziele erreichen willst – imitiere andere nicht und sei nicht zu gierig. Versuche, nicht so oft an dich selbst zu denken.

Umgekehrt: Du könntest in eine schwierige Lage kommen, aus der du – wegen deines Starrsinns – nur schwer wieder herausfindest. Vermeide scheinbar kleine Fehler: Sie könnten dir mit der Zeit große Probleme bereiten.

Sechs der Stäbe

Aufrecht: Jemand bringt dir gute Nachrichten aus der Ferne. Du solltest dich hinter deine Arbeit klemmen und sehen, ob die Ergebnisse dann besser werden. Diese Karte sagt, dass du auf der Gewinnerseite stehst.

Umgekehrt: Jemand verbreitet Lügen oder Informationen über dich, die dir schaden. Es gibt eine Verzögerung bei etwas, das du zügig zu Ende bringen wolltest. Du wirst merken, dass du den Menschen im Moment nicht trauen kannst.

Sieben der Stäbe

Aufrecht: Deine erste Liebe könnte dir nun über den Weg laufen, weil du dich stark und selbstbewusst gibst. Sprich offen über alles und beobachte die Reaktion deiner Mitmenschen, wenn du ihnen zeigst, was dich bewegt.

Umgekehrt: Du verfällst wieder in Tagträume. Du musst aufmerksamer sein, sonst verpasst du eine große Chance.

Acht der Stäbe

Aufrecht: Du möchtest die Dinge beschleunigen, aber du solltest weder voreilige Entscheidungen treffen noch überstürzt handeln. Hör zu, wenn dir ältere Menschen einen Rat erteilen. Es ist an der Zeit, sich der Schule zu widmen.

Umgekehrt: Du bist unvorsichtig, starrsinnig und urteilst vorschnell. Du streitest mit deinen Freunden und wunderst dich, dass die Dinge anders laufen als du es möchtest. Ärgere dich nicht und finde heraus, was dahinter steckt. Sei nicht zu perfektionistisch.

Neun der Stäbe

Aufrecht: Du hast einen verborgenen Feind, der viel stärker ist als du. Doch du besitzt genug innere Stärke, um damit umzugehen. Stehe zu dem, was du glaubst, besonders wenn du aus eigener Erfahrung gelernt hast. So wirst du nie ein echter Verlierer sein.

Umgekehrt: Nur weil du dich gut fühlst, solltest du nicht egoistisch sein. Setze deine Kraft klug ein.

Zehn der Stäbe

Aufrecht: Du weißt, was du willst und kannst es jetzt bekommen. Folge bei einer wichtigen Entscheidungen deiner Intuition. Lass dich nicht von unbedeutenden Dingen ablenken!

Umgekehrt: Du bist von Lügen und Intrigen umgeben. Zieh dich zurück, um die Situation auszuloten, dann wirst du viele Bewunderer gewinnen.

Page der Stäbe

Aufrecht: Jemand steckt dich mit neuen Ideen an oder deine Arbeit inspiriert dich, besonders wenn es eine künstlerische ist. Es könnte sein, dass eine literarische Idee zu einem Bestseller wird, wenn du ihr Potenzial erkennst.

Umgekehrt: Du musst gründlich über deine Lebensweise nachdenken. Du findest niemanden, mit dem du reden kannst und es passieren Dinge, mit denen du nicht gerechnet hast.

Ritter der Stäbe

Aufrecht: In deinem Leben gibt es einen fröhlichen, warmherzigen Mann, der dein Freund werden kann, wenn er es nicht schon ist. Eine gute Zeit, zu verreisen und auszugehen. Mit deinem sonnigen Gemüt heiterst du jeden auf.

Umgekehrt: Ein Freund oder Mann in deinem Leben ist nicht aufrichtig zu dir und könnte dich enttäuschen. Etwas ändert sich plötzlich. Sei vorsichtig, wenn du verreist.

Königin der Stäbe

Aufrecht: Du bekommst Hilfe von einer klugen und attraktiven Frau, vielleicht einer Lehrerin. Wer sie auch sein mag, ihr Einfluss wird dir gut tun. Es könnte sein, dass du einen Tagesausflug organisierst.

Umgekehrt: Hüte dich vor Eifersucht. Es ist an der Zeit, sich mit Freundinnen zu unterhalten. Wenn die Dinge nicht so laufen, wie du es gern möchtest, dann liegt es oft nur daran, dass du dich zu wenig darum bemühst.

König der Stäbe

Aufrecht: Ein ehrlicher, zuverlässiger Mann sieht sich nach dir um. Die Leute reden hinter deinem Rücken über dich, – wahrscheinlich weil du zu sehr mit dir selbst beschäftigt bist.

Umgekehrt: Es ist wichtig, dass du dir auch die Meinungen anderer anhörst. Nimm dich in Acht vor einem unzuverlässigen Menschen und nimm Ratschläge nur von Leuten entgegen, die du kennst.

Ritter

Page

König

Königin

Persönliche Notizen

Einzigartig und geheimnisvoll

Tarot-Set

17,2 x 21,2 x 4 cm

16,90 € (D)
17,50 € (A)
28,50 sFr

ISBN
3-89717-366-2

- **78 Tarot-Karten** (7,5 x 12 cm) mit Zeichnungen und Skizzen von Leonardo da Vinci
- **22 Karten zur großen Arkana, 56 Karten zur kleinen Arkana, 2 zusätzliche Enigma-Karten**
- **Anleitungs- und Deutungsbuch** 17 x 20,8 cm, 144 Seiten

Das komplette Set für Einsteiger

Manga Zeichnen
Set mit Magnetverschluss

18,3 x 24,4 x 4,8 cm

19,90 € (D)
20,50 € (A)
36,90 sFr

ISBN
3-89717-428-6

Dieses Set enthält

- Handbuch Techniken, 96 Seiten
- Handbuch Projekte, 96 Seiten
- eine voll bewegliche Holzgliederpuppe
- einen Non-Repro-Blue-Stift
- einen Pinsel
- zwei schwarze Profi-Layoutstifte
- einen Radiergummi

Danksagung

Gilly Smith dankt:

den Teenies Elly Novick und Chloe Ofori, die das Tarot als Erste ausprobiert haben; den Teenie-Kritikern Talitha Dubow und Milly King; der erwachsenen Tarot-Leserin Julia Miles und dem Tarot-Gelehrten, -Dichter, -Philosophen, -Heiler und -Zauberer Robert Brayley-Hodgetts für ihre Inspiration und für das Lesen der Manuskripte!